FLORISTISCHE KRÄNZE

FLORISTISCHE KRÄNZE

DEKORATIVE IDEEN FÜR TÜR UND WAND

MONIKA KRATZ

Mit 53 Farbfotos von Jürgen Schulzki

FLORISTIK
ULMER

EINLEITUNG

Türkränze sind ein hübscher Schmuck und äußerst beliebt. An Haus- und Wohnungstüren heißen sie Besucher freundlich willkommen. Zu jeder Jahreszeit wetteifern die schönsten Kränze, auch innen an Zimmertüren und Wänden. Individuell soll es sein? Nun, die persönlichste Art ist es, einen Kranz ganz nach eigenen Vorlieben selbst zu gestalten. Damit Ihnen dies gut gelingt, sind im vorliegenden Buch nicht nur viele Gestaltungsvorschläge zusammengetragen. Es werden auch alle nötigen Techniken erklärt und Besonderheiten des senkrecht aufgehängten Kranzes erläutert. Mein Tipp: Probieren Sie jede Technikart einmal aus, dann haben Sie die beste Grundlage für all Ihre persönlichen Kreationen. Die meisten Kränze brauchen knapp eine Stunde, aufwändige zwei, aber es gibt auch »10-Minuten-Kränze«. Sie können also gleich loslegen!

ROMANTISCH:

ZARTE BLÜTEN, ZARTES BAND

WARME TÖNE
Kränze mit Rosen in Creme und Apricot
KÜHLE TÖNE
Duftige Blütenkränze in Rosa und Weiß

Da geht einem doch das Herz auf! Rosen und andere rüschige Blüten, grünes und blühendes Beiwerk, das kleine Tupfen bildet, pastellige Farben, weiche Strukturen, filigrane Ranken und Girlanden – das ist der Stoff, aus dem romantische Blumenkränze sind. Mit verspielter Note, vielleicht mit schmalen Schleifen und Bändchen, passen sie wunderbar an die Haus- oder Zimmertür von Romantikern, besonders wenn es was zu feiern gibt. Mit Spitzenband zieren sie jede Hochzeit. Ein wenig schlichter gehalten, locken sie bestimmt auch bei sonst eher »coolen« Zeitgenossinnen die romantische Seite hervor.

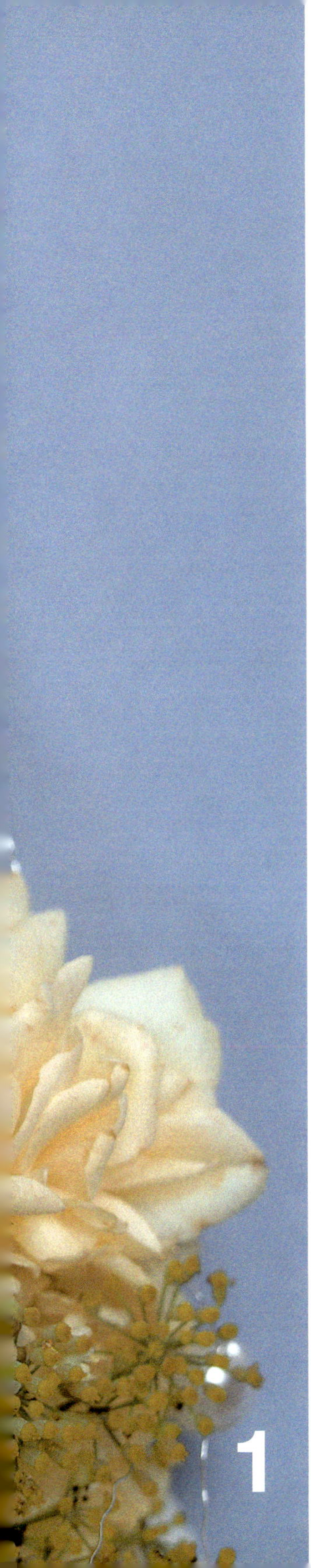

WARME TÖNE

Kränze mit Rosen in Creme und Apricot

Wenn Sie einen romantischen Tür- oder Wandkranz in warmen Tönen gestalten möchten, dann suchen Sie sich am besten zuerst die Hauptblume aus. Kleinblumige oder offene Rosen sind ideal, aber auch andere Blüten ähnlicher Größe, von Creme- und gelblichen Rosatönen über Lachsfarben, Apricot und Orange bis hin zu warmem, also gelbstichigem Rot sind geeignet. Alle weiteren Zutaten ordnen Sie der Farbe der Hauptblume zu. Das Beiwerk sollte vor allem aus gelblichgrünen und sattgrünen Arten bestehen, sonst gibt es schnell einen zu harten Kontrast.

SIE BRAUCHEN *(Bild 1 + 3):*
Unterlage/Hilfsmittel:
- *Frischsteckschaum-Ring, Ø 30 cm*

Blumen/Beiwerk:
- *10 Herbstanemonen (weiß), 20 Freilandrosen (cremeweiß, lachsrosa bis apricot, hier die Sorten: 'David Austin', 'Charles Darwin', 'Leonardo'), 1 Hortensie (weiß), 2 Hand voll kleinteiliges Beiwerk, z.B. Fenchel (gelb), Lavendelheide-Blätter, Schlingknöterich (cremeweiß), Eucomis-Früchte zum Auffädeln*

Zubehör:
- *3 m Spitzenband, Silberdraht, 20 Perlen*

Alternative (Bild 2):
Unterlage/Hilfsmittel:
- *Metallring, Ø 30 cm, Wickeldraht*

Blumen/Beiwerk:
- *20 Polyantharosen (apricot oder orange), 2 Hand voll kleinteiliges Beiwerk in warmen Farben (grün, creme + rotorange), z.B. vergrünte Hortensie 'Annabelle', Spindelstrauch, Hagebutten oder andere Beeren, Sedum (gelb) Salbeiblätter, Weinraute- und Clematis-Samenstände, Efeublätter*

Zubehör:
- *Bouillondraht (gold), feine Satinkordel, je 3 m schmales Satinband (orange + rot)*

1 + 3 Technik: stecken (Naturstiele frisch)

Die benötigte Kranzunterlage aus Frischsteckschaum mit 30 cm äußerem Durchmesser sollte im Querschnitt ein halbrundes Profil aufweisen und fest in einem Plastikboden verankert sein. Legen Sie den Ring mit der Steckschaumseite nach unten in eine Schüssel mit Wasser, bis er sich von allein vollgesogen hat (nicht untertauchen!). Legen sie ihn dann vor sich auf den Arbeitstisch, daneben die sortierten Blumen. Schneiden Sie direkt vor dem Einstecken jedes Stielchen auf etwa 5 cm mit dem Messer schräg ab. Für eine locker-gleichmäßige Verteilung beginnen Sie mit den größten Blüten und ergänzen alle kleineren und das Beiwerk, bis die ganze Oberfläche der Wölbung folgend dicht bedeckt ist. Eine einfache, schnelle Technik. Als weitere Verzierung können Sie Perlen und kleine Früchte auf Bouillondraht fädeln und den Kranz damit umspinnen. Zu zarten Blumenfarben passt ein ebenso zartes Schmuckband wie etwa Spitze.

2 Technik: binden (wickeln)

Legen Sie den Metallring vor sich und befestigen Sie an der linken Seite den Wickeldraht. Nehmen Sie mit der linken Hand immer einen oder mehrere der vorsortierten, kurzen Blumenstiele und legen Sie diese in Höhe des Wickeldrahts an den Ring an (die Blütenköpfe zeigen nach oben). Führen Sie mit der rechten Hand die Drahtrolle zweimal über die Stiele von innen nach außen und ziehen Sie ihn dabei vorsichtig an. Weiche Stiele zum Schutz mit festeren kombinieren. Die Blumen abwechselnd innen, mittig und außen am linken Ringbogen anlegen, damit ein schönes halbrundes Profil entsteht. Der Ring wird dabei automatisch im Uhrzeigersinn gedreht, die neuen Blütenköpfe verdecken die umwickelten Stiele der vorigen. Die letzten Stiele schiebt man unter die Blüten vom Anfang, sodass kein Ansatz mehr zu sehen ist. Das abgekniffene Drahtende auf der Rückseite nach innen stecken.

3

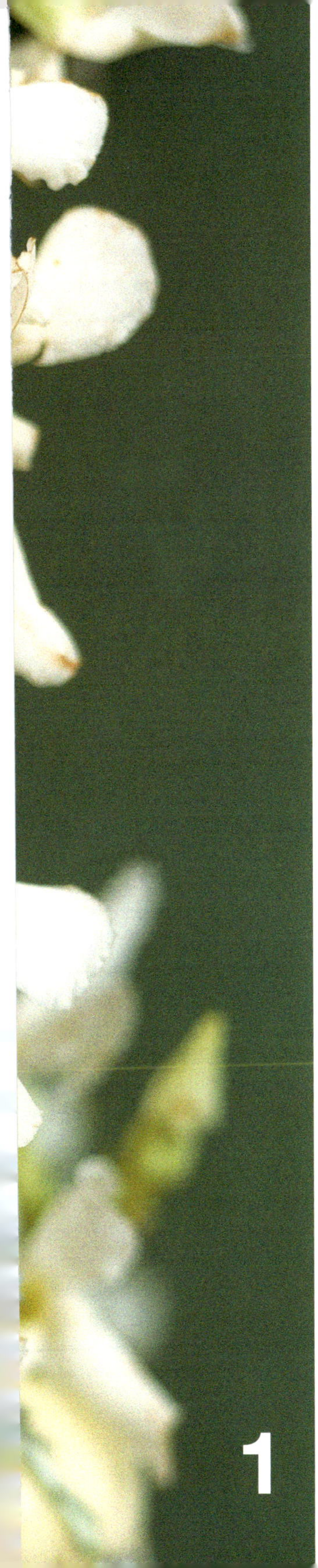

KÜHLE TÖNE

Duftige Blütenkränze in Rosa und Weiß

Entscheiden Sie sich für die Farbpalette der kühlen Töne, dann stellen Sie rund um die dominante Blumenart eine Materialkombination zusammen, die entweder hauptsächlich blaustichige Rosa- oder Rottöne umfasst, von blassem Pink bis Rotviolett, oder mehr in Richtung Blau, Blauviolett und Lila tendiert. Dazu passt Weiß. Blaugrünes, silbergraues und weißes Beiwerk und Zubehör unterstützen die kühle Ausstrahlung. Wenn Sie genug Material einer Farbkombination zur Auswahl haben, machen Sie einen Test: Legen Sie mehrere Kreise daraus und verändern Sie jeweils die Farbanteile. Sie werden verblüfft sein, welche Variationsbreite allein auf diese Weise schon möglich ist.

LUSTIG:

KINDERFEST & GARTENPARTY

WALD UND WIESE
Schnelle Türkränze aus Grasbüscheln und Birkenzweigen
FRECHE FRÜCHTCHEN
Mandarinen und Limetten als witziger Willkommensgruß

Wenn die ganze Familie feiert, sollten auch alle bei der Dekoration mit einbezogen werden. Dann macht's erst richtig Spaß. Damit die Kinder schon bei der Vorbereitung mitmachen können, sollten Sie sich überlegen, welches einfache Material zum Beispiel für einen Gartentor-Kranz draußen gesammelt werden kann. Lange Ranken zum raschen Winden etwa oder dicke Grasbüschel, von denen Sie schnell einen großen Korb voll geerntet haben. Oder vielleicht nur ein paar biegsame, dünne Zweige, die in zwei Minuten zusammengebunden sind. Die nächste Überlegung gilt dann der Technik. Wobei könnten die Kinder helfen oder welche Technik können sie vielleicht schon selbst anwenden? Ein bisschen schief darf es ruhig sein. Schließlich geht es hier nicht um Perfektion, sondern um Spaß!

WALD UND WIESE

Schnelle Türkränze aus Grasbüscheln oder Birkenzweigen

Einen spontanen, naturhaften Charakter haben Wald- und Wiesenkränze, die viele Unregelmäßigkeiten aufweisen. Zweige und Ranken fasst man einfach und rustikal zusammen. Für einen Graskranz dürfen die einzelnen Büschel ruhig so aus dem Sammelkorb genommen werden, wie es gerade kommt. Wenn Sie die Grashalme, womöglich noch gemischt mit Grasblüten und kleinen Ästchen, kreuz und quer in die Hand nehmen und auf den Kranzkörper binden, wirkt es noch etwas »unordentlicher« als wenn alle Spitzen in einer Richtung liegen. Beides ist reizvoll. Harmonisch wirken dazu Blumen aus dem natürlichen Umfeld, also Margeriten und Löwenzahn zum Graskranz und Osterglocken zum Birkenkranz.

SIE BRAUCHEN *(Bild 1 + 2):*
Unterlage/Hilfsmittel:
- *Strohrömer Ø 40 cm, grünes Kranzwickelband, Hafte oder Klebeband, Wickeldraht*

Blumen/Beiwerk:
- *25 Margeriten, 10 Löwenzahnblüten, alternativ auch Trocken- oder Seidenblumen, 1 großen Korb voll Gras*

Zubehör:
- *je 5 m breites Organzaband (gelb + grün), Tierfiguren aus Holz (Frösche, Bienen)*

Alternative (Bild 3):
Unterlage/Hilfsmittel:
- *6 dünne Birkenzweige, Rebdraht natur, kleinen Block (ca. 5 cm) Trockensteckschaum, Heu, evtl. Orchideenröhrchen, Heißkleber*

Blumen/Beiwerk:
- *5 gelbe Frühlingsblüten (z.B. Löwenzahn, Osterglocken oder Gämswurz), 1 Hand voll Beiwerk (z.B. Efeu, Strauchveronika)*

Zubehör:
- *3 Ostereier (hier mit Zuckerblüten), 6 Wachteleier, Federn, Osterhasenfigur, 3 m schmales Band (gelb), 3 m breites Drahtkantenband (gelb)*

1 + 2 Technik: binden (wickeln)
Besorgen Sie sich eine etwas größere Kranzunterlage aus Stroh, auch »Strohrömer« genannt. Diese mit Kranzwickelband umwickeln, das Ende festhaften oder kleben. Das Gras vom Feld oder Wegesrand darf erst kurz vor dem Verarbeiten geschnitten werden. Büschelweise fassen, abwechselnd innen, mittig und außen auf den Kranzkörper legen und mit Wickeldraht zweimal festziehen. Kranzhälften gegenläufig arbeiten, dann fallen die Gräser gleichmäßiger nach rechts und links. Eine Bandaufhängung mit Schleifentuff oben kaschiert den Übergang. Entweder frische Feldblumen mit einbinden oder gedrahtete Trocken- und Seidenblumen sowie Figurensticker anschließend einstecken.

3 Technik: biegen + drahten
Für die Grundform dieses eiförmigen Kranzes einfach ein paar Birkenzweige biegen und oben mit Draht zusammenbinden. Als Schmuck können Sie verzierte Ostereier und Federn mit Heißkleber aufbringen und etwas Grün wie Efeu zwischen die Zweige stecken. Für einen üppigen Akzent in der unteren Rundung ein Stück Trockensteckmasse mit Draht befestigen, mit Heu und Blattwerk kaschieren und eine Hasenfigur darauf stecken. Wählen Sie bei den Blüten zwischen künstlichen, die einfach eingesteckt werden, und frischen, für die Sie Wasserröhrchen mit Draht einhängen können. Dazu passt üppig abfließender Bandschmuck.

3

1

FRECHE FRÜCHTCHEN

Mandarinen, Limetten oder knallige Blüten als witziger Willkommensgruß

Türkränze, die die Gäste Ihrer (Sommergarten-) Party begrüßen sollen, müssen schon von weitem leuchten. Knallige Farben und Kontraste mit Fernwirkung sind angesagt. Da sie im Allgemeinen nur für die Dauer des Anlasses halten müssen, eignen sich auch Schnittblumen und Beiwerk, die – vor allem ohne Wasserversorgung – nur begrenzt frisch aussehen. Möchten Sie aber auch über die Feststunden hinaus noch etwas von Ihrem Kranz haben, wählen Sie am besten eine Kombination, die schön eintrocknen kann. Auch leuchtendgelbe und orangefarbene Früchte, frisch oder präpariert, sind »partytauglich«. Alternativ: giftgrüne Äpfel – aber bitte mit Made!

SIE BRAUCHEN *(Bild 1):*

Unterlage/Hilfsmittel:

- *Strohrömer Ø 50 cm, grünes Kranzwickelband, 120 Drahthaften (45er)*
- *Heißkleber, 15–20 kleinere Tonkinstäbe*

Blumen/Beiwerk:

- *30–40 Zitrusfrüchte, frisch oder stabilisiert (z.B. Mandarinen, Zitronen, Limetten, Kumquats), 250 große Efeublätter*

Zubehör:

- *6 m Organzaband in »Zitrusfarben« (gelb, grün, orange), 15 Holzaccessoires »Zitrusscheiben«*

Alternative (Bild 2 +3):

Unterlage/Hilfsmittel:

- *Drahtring Ø 50 cm (selber biegen aus Kupfer-Lötdraht), evtl. Kranzwickelband, Wickeldraht*

Blumen/Beiwerk:

- *30 Pompon-Dahlien (rotorange), 30 Doldenstücke von Hortensie (lilablau), 20 Fette Henne (knospig, grün), 20 Mauerpfeffer (gelb), 30 Fencheldolden (gelb), 30 Blättertuffs von Spindelstrauch, Lavendelheide oder Alchemilla, 5–7 Trauben vom Wein oder Wilden Wein*

Zubehör:

- *je 3 m breites Organzaband (orange + gelb) und schmales Satinband (orange), 2 Holzfiguren »Made«, farbiges Schildchen aus Karton, Golddraht*

1 Technik: haften + stecken (Holzstäbe)

Die Strohunterlage mit Kranzwickelband umwickeln. Je zwei Efeublätter versetzt fassen und am Stielansatz mit einer Hafte feststecken. Dazwischen mit Tonkinstäben (alternativ dicke Schaschlikspieße) die frischen oder »stabilisierten« Früchte (echte Früchte, getrocknet, auf Glyzerinbasis haltbar gemacht) befestigen. Dafür am besten die angespitzte Seite zuerst fest in den Kranz stecken, überstehendes Holz in Fruchtdicke abschneiden (Rosenschere) und Frucht soweit aufspießen, dass sie nicht ganz durchstochen wird. Dekofrüchte aus Holz werden, auch auf den Bändern, mit Heißkleber fixiert. Für einen kleineren Kranz nehmen Sie wegen Gewicht und Proportion halbierte Früchte oder getrocknete Zitrusscheiben.

2 + 3 Technik: binden (wickeln)

Es gibt kaum fertige Drahtringe in 50 cm Durchmesser, also formen Sie ihn selbst. Das geht leicht mit dickem, biegsamem Kupferdraht. Die Enden verzwirbeln. Darauf wird in klassischer Kranzwickeltechnik eine Mischung, etwa aus knalligen Pompon-Dahlien, blauen Hortensientuffs und begleitendem Beiwerk gebunden. Wenn man den Drahtring aus zwei bis drei Umdrehungen mit dem kreppartigen Kranzwickelband umschließt, rutschen die Blumenstiele nicht so leicht ab. Allerlei lustige Holzfiguren zum Stecken gibt es fertig zu kaufen. Das farbige Einladungsschild kann direkt an den Figuren befestigt werden.

Partytime

KLASSISCH:

ELEGANZ & ROSENPRACHT

HORTENSIEN

Die nostalgische Bauerngartenblume im eleganten Outfit

BUCHSBAUM

Der immergrüne Klassiker für dezente Festlichkeit

ROSEN

Die Königin der Blumen in unvergleichlicher Pracht

Es gibt viele Möglichkeiten, eine klassische, elegante Kranzgestaltung zu erzielen. Ich habe hier drei bekannte und beliebte Pflanzenarten gewählt und diese jeweils allein verwendet. Solchermaßen auf sich selbst reduziert, kommt die besondere Schönheit ihres typischen Erscheinungsbildes besonders zum Tragen. In dieser Art sehr exakt gearbeitete Kränze, zwar gediegen, aber auch dezent, sind ein hervorragender Raumschmuck für elegante Festlichkeiten wie Abendgala oder Hochzeit. Sie passen zudem dauerhaft in viele verschiedene Arten von Wohnambiente: zu Stilmöbeln ebenso wie zu moderner Architektur. Die ausgesuchten Materialien sind sehr gut haltbar. So werden Sie lange Freude an Ihren Schätzen haben.

HORTENSIEN

Die nostalgische Bauerngartenblume im eleganten Outfit

Sieht man die Blütenbälle der Gartenhortensie am Strauch oder geschnitten in der Vase, wirken sie immer ziemlich mächtig. Sie scheinen wie für einen alten Bauerngarten gemacht, üppig und von nostalischem Charme. Zerpflückt man nun die Bälle für einen Kranz in kleine Büschel, verlieren sie alles Rustikale, aber ihr Charme bleibt. Das verdanken sie den leicht morbiden Farben. Diese changieren bei der einen Art zwischen hellblau, müde-violett und grünlich-rosa, mit unzähligen Zwischentönen, bei der anderen Art reifen die Dolden lindgrün aus. Ihre feine Struktur lässt ein sehr elegantes Outfit entstehen. Für die nötige Akkuratesse darf übrigens mit der Schere nachfrisiert werden!

Tipp Frische Hortensien sind leichter zu verarbeiten. Der richtige Schnittzeitpunkt erfordert etwas Erfahrung und wird mit »Papierstadium« beschrieben. Dann behalten sie auch nach dem Trocknen Farbe und Form. Beim Floristen gibt es sowohl frische Schnittware als auch getrocknetes Material.

SIE BRAUCHEN *(Bild 1):*

Unterlage/Hilfsmittel:

- *Ring aus Styropor, Ø 25 cm (Halbprofil), grünes Kranzwickelband, 50 Drahthaften (45er)*

Blumen/Beiwerk:

- *20 Gartenhortensien in verschiedenen Farben*

Alternative (Bild 2+3):

Unterlage/Hilfsmittel:

- *wie oben*

Blumen/Beiwerk:

- *10 vergrünte Hortensiendolden 'Annabelle'*

Zubehör:

- *je 1 m Organzaband (silbergrau + grün), Minikränzchen aus Steckdraht, Tillandsia und silbernem Myrtendraht, Bambusstöckchen, 2 Perlen*

1 Technik: haften

Aus Styropor gibt es unterschiedliche Kranzprofile. Für Tür- und Wandkränze, die ja mit einer ebenen Fläche abschließen, ist immer das Halbprofil am besten geeignet. Außerdem ist das Material so stabil, dass es keines Kunststoffbodens bedarf. Umwickeln Sie die Unterlage mit grünem Kranzwickelband. Zerpflücken Sie die großen Hortensientuffs in kleinere Teile und sortieren Sie sie grob nach Farbnuancen (rötlich, bläulich, heller, dunkler). Gleichmäßig auf die Unterlage haften und auf einen gefälligen Rhythmus der Farbgruppen achten. So ein gehafteter Kranz ist in 15 Minuten fertig.

2 + 3 Technik: haften

Die Technik ist die gleiche wie nebenan beschrieben. Die spezielle, klein strukturierte Sorte 'Annabelle', die so wunderbar vergrünt und später im Kranz genauso eintrocknet, sollte man im Garten haben, sonst wird die Suche schwer. Als farblich passender Schmuck wird ein eingehängtes Organzaband von einer eleganten »Schnalle« (ein Minikränzchen aus *Tillandsia usneoides*, mit Silberdraht auf Steckdrahtring gewickelt, und ein Stöckchen mit aufgeklebten Perlen) zusammengehalten.

3

BUCHSBAUM

Der immergrüne Klassiker für dezente Festlichkeit

Buchsbaum ist ein ideales Material zum Kranzbinden. Die holzigen Zweige mit den ledrigen Blättchen lassen sich gut mit Draht umwickeln ohne zu brechen. Ein Buchskranz ist robust und kann auch außen an der Haustür hängen, wo er schon mal Wind und Regen abbekommt. Gestalterisch bieten sich verschiedene Möglichkeiten. Grob geschnitten heißt schnell gebunden, wirkt naturhaft und passt zu Ostern oder Advent. Je gleichmäßiger und kürzer die Spitzen geschnitten sind, desto feiner sind Struktur und Umriss und desto eleganter ist das Erscheinungsbild des Kranzes.

1

ROSEN

Die Königin der Blumen in unvergleichlicher Pracht

Die Ausstrahlung von »Rosen pur« ist einmalig. Je nachdem ob fablich gemischt oder mono, ob kleinblütige Sorten, Büschelrosen, altmodisch rüschige oder kraftvolle, riesige Edelrosen, ist das Erscheinungsbild aber vollkommen verschieden. Für die elegante Variante sollten die Blüten eher groß sein, leicht geöffnet (Knospen machen nicht so viel her) und möglichst gleichmäßig gesteckt werden. Das Nonplusultra sind natürlich rote Rosen. Wenn Sie keine frischen, sondern haltbare Rosen möchten, verwenden Sie Trockenblumen guter Qualität. Ein ganz besonderer Luxus sind die kostbaren, so genannten stabilisierten Rosen. Sie sind samtig, farbintensiv und geschmeidig, als wären sie frisch geschnitten. Sie halten aber jahrelang!

SIE BRAUCHEN *(Bild 1 + 4):*
Unterlage/Hilfsmittel:
- *Ring aus Trockensteckschaum Ø 30 cm (Halbprofil), Heißkleber, Kaltkleber (Floralkleber), Steckdraht (10er)*

Blumen/Beiwerk:
- *100 rote Rosen-Köpfe (»stabilisiert«), 2 Rosenzweige mit roten Stacheln, 4–5 Efeublätter*

Alternative (Bild 2 + 3):
Unterlage/Hilfsmittel:
- *Ring aus Trockensteckschaum Ø 15 cm, Heißkleber, evtl. Steckdraht*

Blumen/Beiwerk:
- *60 rote Trockenrosen 'Mercedes'*

Zubehör:
- *je 5 m schmales Satinbändchen (rot + cremeweiß), 1 m Spitzenband (cremeweiß)*

Tipp Um ganz sicher zu gehen, dass später kein grauer Untergrund zwischen den roten Rosen durchblitzt, kann man den Steckschaum rot einsprühen.

1 + 4 Technik: stecken + kleben

Die Kranzunterlage aus Trockensteckschaum im Halbprofil sollte eine feste Kunststoff-Rückwand haben. Die kurzgestielten, mit einem Tropfen Heißkleber versehenen Rosenköpfe dicht an dicht einstecken und gleichzeitig aufkleben. Die Blüten dieser kostbaren, großen, »stabilisierten« Rosen (siehe Glossar) sind doch relativ schwer, sodass Sie mit der doppelten Befestigungstechnik auf Nummer sicher gehen sollten. Pur schon perfekt, kann nur ein außergewöhnlicher Akzent noch Steigerung bringen. Zwei Zweige *Rosa sericea* ssp. *omeiensis* mit roten Stacheln und einige Efeublätter mit Floralkleber oder Draht möglichst unsichtbar befestigen.

2 + 3 Technik: stecken (Naturstiele trocken)

Kleinblütige Trockenrosen wie die berühmte Sorte 'Mercedes' sind leicht an Gewicht und deshalb in Trockensteckschaum einfach einzustecken. Sie werden meist mit natürlichem langen Stiel angeboten, so kann man beim Abschneiden die Länge des Reststiels zum Einstecken selbst bestimmen. Haben Sie nur stängellose Köpfe zur Verfügung, muss geklebt werden. Für ein Stuhlkränzchen werden zwei Bändchen zur Aufhängung benötigt, die am besten vor dem Bestecken an die Kranzunterlage geknotet werden. Angedrahteter Schleifenschmuck kann zum Schluss eingesteckt werden.

EXPERIMENTELL:

PURISTISCHES MIT PFIFF

MONO-KREATIONEN
Schlichte Kränze mit verblüffender Wirkung
BLÜTEN IN FOLIE
Originelle Kranzobjekte in Laminiertechnik

So viele Seiten schon die gängigen Türkranzmodelle von klassisch bis romantisch zu bieten haben – manchmal möchte man einfach mal etwas ganz anderes sehen. Wagen Sie es. Probieren Sie aus, was Ihnen in den Sinn kommt. Die in diesem Kapitel gezeigten Beispiele sind nur ein paar von unendlich vielen, die Sie selbst noch entdecken können. Gerade eine fest umrissene Form wie der Kranz bietet sich an, mit den unterschiedlichsten Strukturen von Blüten, Blättern, Stängeln, Stacheln, Früchten, Rinde und anderen Pflanzenteilen zu experimentieren. Sie werden herausfinden, wie spannend zum Beispiel die Reduktion auf nur ein oder zwei Elemente sein kann, oder wie einfach es manchmal ist, etwas ganz Ausgeflipptes zu kreieren, wenn man die Technik beherrscht.

1

MONO-KREATIONEN

Schlichte Kränze mit verblüffender Wirkung

Noch mehr als bei den häufig üblichen, meist gemischten Tür- und Wandkränzen kommt es bei den reduzierten Mono-Kränzen auf die gute Wahl an. Das Verhältnis von Kranzgröße zu Farbe und Struktur des Materials muss fein ausgetüftelt werden. Ein starkes Gewicht bekommt auch die Überlegung, welches Zubehör wie Band, Zierdraht oder Perlen das pflanzliche Material unterstützen oder noch steigern könnte. Die gestalterische »Botschaft« soll den Betrachter schließlich unmittelbar überzeugen. Hier geht es ja nicht um bekannte Kranztraditionen oder Symbolpflanzen (Ernte-Ährenkranz, immergrüner Adventskranz etc.), sondern um neue Kreationen und pure Freude am Gestalten.

1 + 4 Technik: kleben (oder andrahten + stecken)

Die Kranzunterlage mit dem orangefarbenen Schmuckband sorgfältig umwickeln, das Ende festkleben oder -stecken. Kräftige »Lampions« am Stielchen fassen (falls zerknittert, an der Spitze kurz aufblasen), auf die Spitze einen Tropfen Heißkleber geben und rasch auf die Unterlage drücken. Die Form sollte prall bleiben. Oder an der Spitze mit dünnem Steckdraht andrahten und durch den Stoff stecken. So dicht wie möglich anordnen. Zum Schluss auf jedes der nach oben ragenden Stielchen mit Heißkleber eine Perle aufsetzen. Störende Klebefäden entfernen.

2 + 3 Technik: kleben (kleben + umwickeln)

Links: Lavendelblüten in drei bis vier Schichten mit Sprühkleber aufbringen (wie panieren). Zwischendurch kurz trocknen lassen.

Mitte: Wollziestblätter mit Floralkleber dachziegelartig übereinander kleben. Die Spitzen folgen dem Uhrzeigersinn.

Rechts: Rosenblütenblätter leicht welk werden lassen und dann mit Floralkleber auf die Unterlage schmiegen. Mit feinem Silberdraht umwickeln, das ist dekorativ und gibt zusätzlich Halt. Alle Kränze können mit perlenverzierter Silberdrahtspirale und darin gerade hängendem Organzaband stilvoll ergänzt werden. Die Reihe lässt sich mit etwas Fantasie noch weiter fortsetzen.

SIE BRAUCHEN *(Bild 1 + 4):*

Unterlage/Hilfsmittel:

- *Ring aus Trockensteckschaum Ø 25 cm (Halbprofil), orangefarbenes Band, Heißkleber, evtl. Stützdraht (8er–10er)*

Blumen/Beiwerk:

- *60 »Lampions« (= Fruchthüllen der Lampionblume Physalis alkekengi), frisch oder trocken*

Zubehör:

- *60 Perlen (perlmuttfarben)*

Alternative (Bild 2 + 3):

Unterlage/Hilfsmittel:

- *je 1 Ring aus Trockensteckschaum Ø 15 cm, Heißkleber, Kaltkleber (Floralkleber), Sprühkleber, Silberdraht (Myrtendraht oder dünnen Wickeldraht)*

Blumen/Beiwerk:

- *Links: ca. 200 g lose Lavendelblüten (Florist oder Reformhaus)*
- *Mitte: 30 frische »Eselsohren« (= Blätter vom Wollziest)*
- *Rechts: Blütenblätter von ca. 10 Rosen*

Zubehör:

- *je 0,5 m Spanndraht (ca. 16er Stärke, glänzend verzinkt) für Drahtspirale, je 1,20 m Organzaband (silbergrau), je 1 dicke Perle*

4

SIE BRAUCHEN *(Bild 1):*

Unterlage/Hilfsmittel:

- *5 DIN A4-Doppelbögen Laminierfolie, Tacker oder Heftzange, Draht oder Nylonfaden*

Blumen/Beiwerk:

- *1 Hortensie (10 Einzelblüten), 1 Sonnenblume (20 Blütenblätter), je 10 Efeu- und Schlitzahornblätter*

Alternative (Bild 2+3):

Unterlage/Hilfsmittel:

- *Metallständer mit Rahmen, Metallring Ø 50 cm, Stärke ca. 6 mm (z.B. verchromtes Kupferrohr), 3 m Lichterschlauch, Tesafilm, 4 m silbernen Wickeldraht, 20 DIN A4-Doppelbögen Laminierfolie, Tacker oder Heftzange*

Blumen/Beiwerk:

- *Blütenblätter von ca. 10 roten Rosen, 50 Efeublätter*

1 Technik:
laminieren + tackern

Eine Mischung aus mehr oder weniger durchscheinenden Blüten- und Laubblättern jeweils auf einem Bogen Laminierfolie verteilen, eine zweite Folie passgenau darüberlegen und im Laminiergerät einschweißen. (Wer kein eigenes Gerät hat, laminiert in großen Schreibwarenläden oder Copyshops.) Anschließend in zum Beispiel rechteckige Stücke schneiden und diese kreisförmig zusammentackern. An zwei Drähten oder Nylonfaden vor dem Fenster oder einer anderen Lichtquelle aufhängen.

2 + 3 Technik:
laminieren + tackern

Pflanzenteile laminieren wie oben. Aus den Folienstücken zwei ca. 60 cm breite Ringe tackern. Den Lichterschlauch dreimal um einen aus Metallrohr gebogenen Ring (ca. 50 cm) schlingen und mit Drahtstückchen festbinden. An vier Drähten in einen Rahmen spannen. Je einen Folienring von vorne und hinten daran halten und rundum, außen und innen, zusammentackern. Das Kabel läuft nach unten weg. Der Rahmen kann auf einer Staffelei platziert oder fest auf einen Ständer montiert werden (evtl. schweißen lassen).

3

LÄNDLICH:

FRÜCHTE, ÄHREN, KRÄUTERDUFT

HERBSTLICHE FÜLLE
Üppige Hagebutten- und Beerenkränze
SONNENGEBLEICHTES
Trockenkränze mit vornehmer Blässe
KRÄUTER-WELLNESS
Duftkränze als Wohltat für Augen und Nase

Mit ländlichem Ambiente verbindet man gerne einfache, meist üppige Gebinde, mal bäuerlich-rustikal, mal schlichter gehalten. Der Duft von frischen Kräutern lässt Bilder der alten Klostergärten entstehen, den großartigen Vorläufern unserer ländlichen Küchengärten heute. Die Nähe zur (kultivierten) Natur und Erdverbundenheit äußert sich vor allem zur Herbstzeit, wenn am liebsten Erntesymbole wie Früchte in großer Fülle, geschnittenes Korn und andere gesammelte Trockenmaterialien für Türkränze verwendet werden. Da spielt es auch keine Rolle, ob das ländlich orientierte Wohnen tatsächlich im Landhaus stattfindet oder sich lediglich als »Country Style«-Kranz in einer Großstadtmansarde manifestiert. Auf die Vision kommt es an!

HERBSTLICHE FÜLLE

Üppige Hagebutten- und Beerenkränze

Der Spätsommer und Herbst ist überreich an Früchten und Samenständen aller Art. In Kombination mit begleitenden Blumen, Blattwerk und Trockengeäst können länger haltbare Früchte eine glänzende Hauptrolle spielen. Stellen Sie sich zum Beispiel farblich besonders wirkungsvolle Ensembles zusammen, etwa blauschwarze Beeren zu quittengelben Blumen, lackglänzende rote Hagebutten komplementär zu grünem Efeu, orangerote Eberesche zu blaugrauem Beiwerk. Aber auch ein reiner Früchtekranz, aus Drahtgirlanden filigran gewunden oder aus Kugelfrüchten prall gesteckt, wird zum absoluten Hingucker an Tür und Wand.

SIE BRAUCHEN *(Bild 1):*

Links: Draht-Beerenkranz

- *Metallring Ø 20 cm, Wickel-, Myrten- und Bouillondraht (gold + kupfer), 30 Zieräpfelchen, 5 Stiele kleine Hagebutten, verschiedene Beeren, Clematis-Samenstände, 5 Ginkgo-Blätter*

Mitte: Beeren-Mix rot

- *Ring aus Trockensteckschaum, 30 Drahthaften, verschiedene Beeren wie Schneeball, Hagebutten, Zieräpfel etc. (rot, grün + schwarz)*

Rechts: Hagebuttenkränzchen

- *Metallring Ø 20 cm, Wickeldraht, 50 Stiele kleine Hagebutten (grün + rot)*

Alternative (Bild 2 + 3):

Unterlage/Hilfsmittel:

- *Ring aus Trockensteckschaum Ø 30 cm, Heißkleber, Drahthaften*

Blumen/Beiwerk:

- *10 graue Flechtenzweige, 1 Hand voll Islandmoos, 30 orangerote Beerentuffs (hier aus 10 großen Ebereschen-Dolden geteilt), 25 große Hagebutten (rot + grün), 1 Mahonienblatt*

Zubehör:

- *je 1,50 m breites Organzaband (orange) und mittleres Satinband (schwarz), 5 m schmales Satinbändchen (orange)*

2

1 Technik links: auffädeln + winden

Auf verschiedene Zierdrähte in warmen Tönen die kleinen Früchte und Blätter am Stielchen auffädeln. Diese Girlanden locker um einen stabilen Drahring winden. Fertig.

Technik Mitte: haften

Die gestielten Beeren in Tuffs auf eine Trockensteckschaum-Unterlage haften. Die Drahthaften immer in eine Richtung schräg einstecken.

Technik rechts: binden (wickeln)

Aus doldenartig gewachsenen Mini-Hagebutten lässt sich leicht ein robustes Kränzchen binden. Der Wickeldraht wird dabei über Stiel und Verzweigung geführt.

2 + 3 Technik: andrahten + stecken, kleben, haften

Bei so unterschiedlichem Material ist Technik-Mix angesagt. Die Flechtenzweige müssen stabil angedrahtet und eingesteckt werden. Die großen Hagebutten der Kartoffelrose lassen sich schnell einzeln aufkleben und der Rest wie Islandmoos und Eberesche wird am besten gehaftet. Einen solchen Kranz können Sie wie ein Puzzle zusammensetzen. Ein wenig Bandschmuck, der die leuchtende Beerenfarbe unterstützt, ist möglich, aber nicht zwingend nötig.

3

SONNEN-GEBLEICHTES

Trockenkränze mit vornehmer Blässe

Typische Erntekränze sind rundgebunden, meist aus mehreren, in der Sonne gebleichten Getreidearten und den bekannten rot-weiß-blauen Feldblumen. Immer wieder schön. Aber Sie können Ihren Türkranz variieren. Die verspielt anmutenden Haferähren beispielsweise wirken völlig anders als Gerstenähren mit ihren langen Grannen, eine lockere Anordnung anders als eine strenge, gemischtes Material anders als eine Mono-Gestaltung. Wie wär's mit einem Kranz mit einseitig herabhängenden Ährenbündeln und hellem Akzentschmuck? Sonnengebleichtes kann man aber auch in Form von Strandgut und Zubehör zu einem feinen weißlichen Trockenkranz binden.

SIE BRAUCHEN *(Bild 1):*
Unterlage/Hilfsmittel:
- *Ring aus Trockensteckschaum Ø 30 cm, Steckdraht, Heißkleber*

Blumen/Beiwerk:
- *je 5–10 Stück helle Trockenmaterialien wie skelettierte Agavenblätter, Schleierblätter, Sisalfaser, Flechtenzweige, Peddigrohr, Treibholz, 5 Stück schwarzen Tang*

Zubehör:
- *25 Muscheln und Schnecken (weiß, hellgrau, mit Perlmuttschimmer), Perl- oder Bouillondraht*

Alternative (Bild 2 + 3):
Unterlage/Hilfsmittel:
- *Ring aus Trockensteckschaum Ø 30 cm (oder Metallring + 2 Bund Ähren), Silber- oder Gold-Wickeldraht, Steckdraht (14er–16er)*

Blumen/Beiwerk:
- *1 Bund Ähren (= 50–60 einzelne Ähren), 1 getrocknete Ingwerknolle, verschiedene helle Trockenmaterialien wie Stachelgurke, Silberlinge, skelettierte Agavenblätter, Gräser, Sisalfaser, Schleierblätter, Hortensien, 2 dunkle Gleditschien-Schoten*

Zubehör:
- *3 m Band (cremefarben), silbernen Perl-, Bouillon- und Wickeldraht*

1 Technik: stecken + kleben
Dieser rundum besteckte Kranz besteht aus angedrahteten, oft filigranen Trockenmaterialien, die teilweise übereinander geschichtet sind. Der Aufbau geht von fest und schwer zu transparent und leicht. Muscheln und Schleierblätter etwa werden aufgeklebt, Fasern, Band und Silberdraht locker durch und über den Kranz gewoben.

2 + 3 Technik: binden (wickeln) + stecken
Die Unterlage wird mit langstieligen Ähren umlegt, der Ringform folgend, und mit Wickeldraht aufgebunden. Die Ährenspitzen laufen an der rechten Seite des Kranzes in zwei dünnen, verschieden langen Bündchen senkrecht nach unten aus. Diese werden fest mit glattem Draht dekorativ umwickelt (kann an anderer Stelle etwa mit Gras wiederholt werden). Alle Materialien für den üppigen Akzentschmuck werden angedrahtet und im oberen Bereich durch die Halme hindurch in die Unterlage gesteckt. Wichtig sind gebogene und abfließende Formen, die Schwung verleihen. Auch Band und Drahtgirlanden mit einarbeiten.

3

KRÄUTER-WELLNESS

Duftkränze als Wohltat für Auge und Nase

Wellness ist in aller Munde und hat mit Gesundheit und Wohlbefinden zu tun. Warum also nicht mal einen Wellness-Wandkranz aus vielen duftenden Kräutern und Gewürzen binden, der nicht nur der Nase angenehm auffällt, sondern auch eine Augenweide ist. Und obendrein ist er, wenn Sie möchten, ein nützliches Utensil in der Küche, denn Sie können immer wieder mal ein Blättchen zum Würzen der Speisen herauszupfen. Übrigens auch ein wunderbares Mitbringsel, das sich harmonisch zwischen Zwiebelzopf und Paprikaschnüren aufhängen lässt! Verwendet man überwiegend getrocknete und holzige Bestandteile, hält der Kranz viele Jahre.

1 + 3 Technik: binden (wickeln)
Den Strohrömer grün abwickeln. Eine Vielzahl duftender Küchenkräuter, egal ob Blätter, Blüten oder Samenstände, müssen in etwa gleiche Stücke geschnitten werden. Dann gemischte Büschel mit links fassen, links von innen nach außen an den Kranzkörper anlegen und mit der rechten Hand mit unauffällig grünem Wickeldraht festbinden. In der längeren Außenkurve jedes zweite Mal versetzt ein zusätzliches Büschel anlegen, innen etwas dünnere Büschel nehmen. Ein Bündel blühenden Schnittlauch mit etwas Stoffband und Golddraht umwickeln, zwei Schneckchen aufkleben und in den fertigen Kranz stecken.

2 Technik: andrahten + stecken
Schneiden Sie die verschiedenen Kräuter wie Lavendel- und Salbeizweige auf ungefähr gleiche Länge (8–10 cm). Golddraht ein- bis zweimal in der Mitte um die einzelnen Kräuterstücke und gerollten Lorbeerblätter herumwickeln, verzwirbeln und die geraden Enden auf ca. 5 cm abknipsen. Zimtstangen mit naturbraunem Rebdraht ebenso andrahten. Erst wenn das alles vorbereitet ist, mit dem Stecken anfangen. Die länglichen Teile regelmäßig verstreut im Kranzverlauf anordnen und dabei auf die gleiche Richtung aller Blattspitzen achten (Uhrzeigersinn!).

SIE BRAUCHEN *(Bild 1+3):*
Unterlage/Hilfsmittel:
- *Strohrömer Ø 30 cm, grünes Kranzwickelband, grünen Wickeldraht*

Blumen/Beiwerk:
- *150 Stück verschiedener Kräuter (Salbei, Thymian, Lavendel, Fenchel, Dill, Zitronenmelisse, Majoran, Johanniskraut, Schnittlauch, Borretsch)*

Zubehör:
- *goldenen Wickeldraht, evtl. 2 Schneckenhäuser, Stoffband*

Alternative (Bild 2):
Unterlage/Hilfsmittel:
- *Ring aus Trockensteckschaum Ø 30 cm*

Blumen/Beiwerk:
- *je 30 Stück kleine Lavendelzweige, Salbeizweige, große Lorbeerblätter (frisch vom Strauch), 80 Zimtstangen*

Zubehör:
- *Rebdraht natur, goldenen Wickeldraht*

3

WEIHNACHTLICH:

IMMERGRÜN & STERNENREGEN

PFLANZENSYMBOLIK

Wintergrüne Nadel- und Laubgehölze pur

WEIHNACHTS-ACCESSOIRES

Tannenbaum, Holz-Elch, Glitzersterne

ADVENT IM TREND

Barocker Prunk und postmoderner Schick

Der Advents- und Weihnachtszeit ist ein eigenes Kapitel in diesem Buch gewidmet, denn dann ist Hauptsaison für Kränze: für liegende und waagerecht hängende Adventskränze, aber ebenso für die senkrecht hängenden Tür- und Wandkränze. Das Besondere in dieser Zeit ist die Verwendung von symbolischem Pflanzenmaterial wie Koniferenzweigen und Laub, das im Winter grün bleibt und somit Leben symbolisiert. Auch Früchte stehen für Leben und Wiederkehr. Lichterglanz als festliches Zeichen kann im Türkranz nur als optischer Glitzer-Effekt in Form von metallischem oder gläsernem Zubehör eingebracht werden. Und für Kinder (und Junggebliebene) dürfen lustige Tierfiguren und Spielzeugmotive natürlich nicht fehlen.

PFLANZENSYMBOLIK

Wintergrüne Nadel- und Laubgehölze pur

Aus der Vielfalt der symbolischen Pflanzen sind hier nur zwei herausgepickt, die dafür aber in sehr unkonventioneller Weise verarbeitet wurden. Die Kiefernnadeln, als Vertreter der Koniferen, wurden nicht am Zweig belassen aufgewickelt, sondern zu einzelnen streng geschnittenen Bündeln geformt und gleichmäßig aufgesteckt. Die creme-grünen Stechpalmenblätter wurden ebenfalls lose verwendet. Die dekorativen Perlennadeln greifen den Cremeton im Blatt auf und dienen gleichzeitig einer schnellen Stecktechnik. Die Abstrahierung erfordert auch einen besonderen Band schmuck, der die jeweilige Gestaltung unterstreicht.

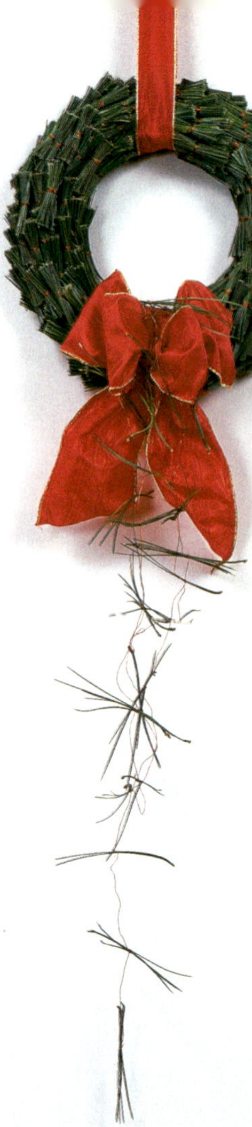

SIE BRAUCHEN *(Bild 1 + 2):*

Unterlage/Hilfsmittel:

- *Strohrömer Ø 30 cm, grünes Kranzwickelband, roten Wickeldraht, 120 Patenthaften (17/35)*

Blumen/Beiwerk:

- *120 Päckchen (Bündel) à 20 Kiefernnadeln und 20 einzelne Nadeln*

Zubehör:

- *3,50 m Drahtkantenband (rot)*

Alternative (Bild 3 + 4):

Unterlage/Hilfsmittel:

- *Styropor-Ring Ø 30 cm, grünes Kranzwickelband, 130 Perlennadeln (Dekonadeln), goldenen Myrtendraht*

Blumen/Beiwerk:

- *130 Ilex-Blätter (creme/grün panaschiert)*

Zubehör:

- *5 m Dekokordel (creme), 2 große + 2 kleine Strass-Ornamente*

1 + 2 Technik: drahten + haften

Für die Herstellung dieses Kranzes müssen Sie mehr Zeit als üblich einkalkulieren, gut 1,5 Stunden. Allein die 120 Päckchen à 20 Kiefernnadeln zu bündeln, braucht seine Zeit. In der Mitte mit rotem Dekodraht fest wickeln, verzwirbelte Enden kurz abknipsen. Kiefernnadeln auf beiden Seiten exakt gerade abschneiden. Die kompakten Päckchen schön gleichmäßig auf dem Kranzkörper verteilen und sorgfältig verdeckt mit Haften feststecken. Eine eckige rote Schleife und eine lockere Girlande aus rotem Wickeldraht und Kiefernnadeln sind der ideale Schmuck.

3 + 4 Technik: stecken (Nadeln)

Ein Kranz in einfachster Technik. Liegen die losen Ilexblätter bereit, geht das nicht gar so strenge Anordnen und Feststecken mit Dekonadeln recht schnell. Nur sollten Sie wegen der Stacheln Handschuhe tragen. Ein solcher unkomplizierter Kranz verträgt einen betont auffälligen Bandschmuck, zum Beispiel aus mehrfach verschlungener Zierkordel und darin eingehängten pompösen Strass-Tropfen.

Tipp Alle Kränze, die das symbolträchtige Immergrünmaterial herausstellen, sollten maximal mit einem Akzentschmuck ergänzt werden.

4

WEIHNACHTS-ACCESSOIRES

Tannenbaum, Holz-Elch, Glitzersterne

Es reicht eigentlich schon ein einziger Stern, um einem Türkranz eine weihnachtliche Ausstrahlung zu geben. Aber wenn Sie es ganz deutlich ausdrücken und ein solches Accessoire in den Mittelpunkt stellen wollen, dürfen Sie auch mal in die Vollen greifen. Sterne in allen Variationen können dann kombiniert und in einem wahren Sternenregen den aufgehängten Kranz überziehen. Wichtig ist, dass es ein Kranz mit Sternen bleibt und nicht viele Sterne mit ein bisschen Kranz darunter. Eine ähnliche Fülle ist erlaubt, wenn es zum Beispiel um einen »Familienkranz« geht, mit Spielzeug, traditionellem Gebäck und ähnlichen Accessoires – und wenn der Kranz groß genug ist!

SIE BRAUCHEN *(Bild 1):*
Unterlage/Hilfsmittel:
- *Strohrömer Ø 35 cm, grünes Kranzwickelband, grünen Wickeldraht, evtl. Steckdraht*

Blumen/Beiwerk:
- *150 Stück gemischtes Immergrün (Laub- und Nadelgehölze), 3 Efeuranken, Trockenmaterial wie Australische Birne, Zapfen, Clematis-Samenstände, Ingwer, Sternanis*

Zubehör:
- *Lebkuchenherzen, -brezeln, -sterne, 3 Strassketten (rot), 4 Holz-Elche, 5 m Satinkordel (cremegold)*

Alternative (Bild 2 + 3):
Unterlage/Hilfsmittel:
- *Drahtring Ø 35 cm, grünen Wickeldraht, goldenen Myrtendraht*
- *Heißkleber*

Blumen/Beiwerk:
- *130 Stück gemischtes Koniferengrün und Buchsbaumspitzen, 24 gebleichte Riedgrashalme (für Sternform), ca. 50 cm*

Zubehör:
- *5 m Goldband, 2,50 m Sterngitterband, 25 Sterne verschiedener Art (Golddraht, Strass etc.)*

1 Technik: binden (wickeln), andrahten + kleben
Die Grundgestaltung ist ein klassisch gewickelter Adventskranz aus gemischtem Immergrün auf Strohunterlage, den man sehr variabel mit adventlichen Utensilien schmücken kann. Die Kranzgröße richtet sich nach den Accessoires: Je größer diese sind, desto größer muss auch die grüne Basis sein. Vergleichsweise schwere Holzfiguren werden an geeigneter Stelle mit Draht befestigt, leichtere Dinge wie kleine Zapfen können ohne weiteres aufgeklebt werden. Ranken, Schmuckketten und Kordel werden umschlungen und bei Bedarf festgesteckt.

2 + 3 Technik: binden (wickeln) + kleben
Dieser Kranz ist ebenfalls aus Immergrün, aber dünner und leichter, weil auf Drahtring gebunden. Aus Ried (jeweils 4 Halme zusammen) zwei Dreiecke und daraus einen sechszackigen Stern formen, der mit Golddraht zusammengehalten wird. Den Stern mit etwas Draht auf der Rückseite des fertigen Kranzes befestigen, sodass die Zacken hervorstrahlen. Sterne in allen Variationen sind hier als Dekoration gefragt. Mini-Holzsternchen werden aufgeklebt, größere Drahtsterne am Sterngitterband oder an Golddrahtgirlanden aufgehängt.

3

1

ADVENT IM TREND

Barocker Prunk und postmoderner Schick

Man kann einen weihnachtlichen Wand- oder Türkranz auch unter dem Einfluss modischer Stilrichtungen gestalten. Vielleicht soll er in eine bestimmte Wohnungseinrichtung passen. Vielleicht möchten Sie aber einfach nur mal eine spezielle Kranzgestaltung ausprobieren. Zwei recht gegensätzliche Beispiele finden Sie auf den folgenden Seiten. Eine große, schwungvolle Ovalform mit prächtigem, der Form folgendem Festschmuck und ein sehr zurückhaltender, schlicht und streng geformter Kranz mit kühl-moderner Ausstrahlung. Auch hier sind Immergrüne und Symbolpflanzen wie die Christrose unerlässlich.

SIE BRAUCHEN *(Bild 1):*
Unterlage/Hilfsmittel:
- *Strohrömer Ø 30 cm, grünes Kranzwickelband, grünen Wickeldraht, Walzblei 10 x 10 cm und 3 Streifen à 10 x 2 cm, 2 Ringschrauben, 3 m dünne Silberkordel, 3 Reagenzgläser mit Rand, 3 Steckdrähte*

Blumen/Beiwerk:
- *80 Spitzen Nobilis-Tanne (bläulich)*
- *3 weiße Christrosen*

Zubehör:
- *Silberglitter*

Alternative (Bild 2+3):
Unterlage/Hilfsmittel:
- *Drahtring Ø 40 cm, grünen Wickeldraht, Heißkleber*

Blumen/Beiwerk:
- *130 Stück Koniferenspitzen einer Art (kurze gelbgrüne, längere dunkelgrüne), 2 Edelrosen, 25 Stück Sternanis*

Zubehör:
- *2 Spitztüten (wasserdicht, Metall) mit Sternkragen und langen Drahtenden, 5 Christbaumkugeln (mattrot) Ø 5 cm, 25 Kügelchen (rot), 3 m Knittersamtband (rot) mit Golddrahtkante, Goldpuder, goldenen Wickeldraht*

1 Technik: binden (wickeln) in 2 Richtungen

Obwohl rund, wird dieser Kranz in zwei Hälften gewickelt, denn die strenge Symmetrie soll betont werden. In die kühle Gestaltung mit Blautanne passen der graue Bleiring mit Silberdrahtaufhängung, die mit Blei eingefassten Wasserröhrchen (mit Steckdraht in die Strohunterlage eingehängt), der Silberglitter und die weißen Christrosenblüten.

2 + 3 Technik: binden (wickeln) in 2 Richtungen + kleben

Kranzbindetechnik auf hohem Niveau. Gleich drei Schwierigkeitsgrade mehr sind hier zu beachten. Betrachtet man den aufgehängten Kranz, wird das Oval (aus Drahtring geformt) in zwei Hälften gegenläufig von oben nach unten gewickelt, damit die Koniferenspitzen symmetrisch nach oben weisen. Der Kranzkörper verjüngt sich nach oben und es gibt einen Farbverlauf von dunkelgün unten nach gelbgrün oben. Klar, dass hier das richtige Schneiden und Vorsortieren besonders wichtig ist. Für den Akzentschmuck werden wasserdichte Metalltüten mit Sternkragen in der unteren Mulde eingehängt. Die langen Drahtspitzen umbiegen und mit je einer Kugel verzieren. Ins Wasser kommen große Edelrosen, umgeben von großen und kleinen Weihnachtskugeln (aufkleben oder andrahten). Kügelchen und Sternanis bis knapp zur halben Kranzhöhe aufkleben. Den Abschluss nach unten bildet ein festlicher Bandschmuck mit Sternen an Golddrahtgirlanden.

Tipp Beim zweiseitigen Kranzbinden kann man die Richtung der Spitzen auch umkehren. Hauptsache, die beiden Kranzhälften erscheinen symmetrisch. Wenn die Spitzen von flachen Koniferen zum Beispiel von oben nach unten hängen, liegen sie glatt und eng an, umgekehrt stehen sie etwas ab und wirken üppiger.

3

umeinander gewundenen Ranken und Drahtgirlanden, geflochtenen Halmen oder auf Draht gespießten Früchten oder Blättern, ringförmig zusammengefügt, kann man einen Kranzkörper gestalten. Schließlich kann selbst ein Kranz aus glitzerndem Drahtgewusel eine reizvolle Basis für florale Akzente sein (siehe Bild Seite 85).

GEKAUFTE ROHLINGE

Neben den schon erwähnten **Metallringen** (schmales Zickzack-Bandeisen) zum direkten Bewickeln mit Blumen und Grün gibt es auch plastische Rohlinge aus **Drahtgeflecht** und verschiedenen anderen Materialien fertig zu kaufen, zum Beispiel aus **Styropor, Trockensteckschaum, Frischsteckschaum** mit und ohne Kunststoffgitter, **Stroh** («Strohrömer«), **Pappe** etc. Sie bieten sich als probates Mittel für viele Kranzarten und Techniken an, vor allem, wenn ein sehr exakter Umriss gewünscht ist. Auch diese gekauften Rohlinge sind rein technische Unterlagen, die später unter dem dekorativen Material verschwinden. Rohlinge sind eher wie dünne Ringe proportioniert, das heißt, dass im Verhältnis zum fertig dekorierten Kranz die Öffnung größer und der Körper kleiner ist (siehe Bild Seite 88/89).

Zu kaufen gibt es auch verschiedene **fertige Kranze aus Trockenmaterialien**, zum Beispiel aus *Muehlenbeckia*-Ranken, Rebengeflecht, Olivenzweigen, Weide, Rinden, Seegras, Birkenzweigen, Heu, Strohzöpfen, Peddigrohr etc. Sie sind naturhaft schlicht und von rustikaler Struktur, dabei meist so schön, dass man sie sofort aufhängen kann. Aber man kann sie auch als technischen Kranzkörper verwenden, der teil-

weise mit Dekoration ergänzt, teilweise also noch sichtbar bleibt und somit gestalterisch wirksam ist. Achtung: Die Proportionen entsprechen nicht denen echter Rohlinge, sondern meist eher denen fertig dekorierter Kränze (siehe Bild Seite 88).

UMKLEIDEN DER KRANZUNTERLAGE

Um die Rohlinge mit pflanzlichem Material zu umkleiden, können verschiedene Techniken angewendet werden.

Binde- oder Wickeltechnik (geeignet für Blattzweigspitzen, Koniferenzweigspitzen, feststielige Frischblumen/Grünarten, büschelartige Wuchsformen, mit Tape oder Myrtendraht umwickelte Sträußchen kleiner Blüten etc.): Material mit Wickeldraht auf den Kranzkörper aufbinden (bei kleinen Kränzchen Material direkt auf Inlett wickeln mit Wickeldraht, Myrtendraht, Tape oder Schmuckbändchen/-kordel).

Stecktechnik (geeignet für Frischblumen mit Naturstiel, angedrahtete Büschel, lose Büschel zum Haften, Blätter zum Haften oder Aufstecken mit Nadeln): Das Material in die passende Unterlage stecken (frische Naturstiele in Frischsteckschaum, trockene Naturstiele in Trockensteckschaum, Haften in Stroh, Styropor oder Trockensteckschaum etc.)

Winden, Umwinden (geeignet für frische/trockene Ranken, Drahtgirlanden, Früchteketten, Schmuckband/-kordel, Perlenschnüre etc.): Die Materialien um einen Ring, einen Kranzkörper oder umeinander winden, bei Bedarf an ein paar Stellen mit Drahtstückchen befestigen.

Klebetechnik (geeignet für schuppig angeordnete Blätter, frische Blütenblätter, gepresste Blüten, eng anliegende Beeren, Trockenmaterialien, Accessoires etc.): Frische Materialien mit Kaltkleber, trockene mit Heißkleber aufkleben.

Mischtechniken: Holzstäbchen in Trockensteckschaum stecken, Ranken durchwinden und Beeren aufspießen. Oder Blütenblätter aufkleben und mit Zierdraht umwickeln. Oder Stroh mit Koniferen umwickeln, mit Früchten bestecken und mit Accessoires bekleben.

DEKORATION DER UMKLEIDETEN KRANZUNTERLAGE

Der umkleidete Kranzkörper kann für sich schon perfekt sein. Er kann aber auch noch verändert und mit Schmuckelementen ergänzt werden. Ebenso können fertig gekaufte Trockenrankenkränze einen Akzentschuck erhalten.

- Bandschmuck (hängen, knoten, haften, Schleifen andrahten/stecken, winden, wickeln)
- Accessoires, Figuren, Formen (stecken, aufkleben, an Draht hängen)
- Röhrchen für Frischblumen (andrahten und einstecken)
- Trockenmaterial (aufkleben, andrahten und einstecken, haften, kleine Teile auffädeln)
- Drahtgirlanden, Perlendrähte (umwickeln, winden, abfließen lassen, einhängen, anzwirbeln)
- Ranken (winden/schlingen, dünne wickeln, haften)

Autorin

Monika Kratz ist nach Floristausbildung, Germanistik- und Kunstgeschichtsstudium sowie der Chefredaktion einer floristischen Fachzeitschrift heute freiberuflich tätig als Buchautorin und Fachjournalistin im Bereich Floristik. Sie schreibt für Special-interest- und Fachzeitschriften im In- und Ausland und führt als Moderatorin durch floristische Fachveranstaltungen. In ihrer eigenen, 2001 gegründeten MOKRA-Veranstaltungsreihe »Wege zu Kunst und Kultur« schafft sie ein Forum, bei dem sich Menschen der unterschiedlichsten Interessensgebiete begegnen. Gestaltung mit Blumen gehört dazu. Monika Kratz hat das floristische Konzept für das vorliegende Buch und die Reihe »UlmerFloristik« entwickelt. Bisher erschienen sind: »Blumen im Winter – Floristische Ideen von November bis März« (2000), »Blumen für den Tisch – Dekorative Ideen für festliche Tafeln« (2001), »Floristik mit Rosen – Dekorative Ideen für jedes Ambiente« (2001), »Blumen für das Grab – Floristische Ideen für das ganze Jahr« (2001), »Blumen im Frühling – Floristik mit zarten Blüten« (2002), »Blumen für die Hochzeit – Floristische Ideen für eine traumhafte Trauung« und »Blumensträuße – Floristische Ideen für jede Gelegenheit« (2003). Außerdem erschienen: »Tor Gundersen – Werke«, Verlag E. Ulmer, Stuttgart 2002.

Monika Kratz · Ginsterweg 61 · 50169 Kerpen
Tel. 02273 – 94 17 71 · Fax 02273 – 94 17 72
E-Mail: MoKratz@aol.com

Floristik

Mit sensibler Hand und sicherem Gespür hat **Thorsten Ulbrich** die floristischen Ideen in diesem Buch praktisch umgesetzt. Der engagierte Florist hat bereits erfolgreich an Bundesgartenschauen teilgenommen und 2001 wurde er Vizemeister im Floristenwettbewerb NRW. Er ist derzeit tätig im elterlichen Betrieb in Solingen. Seine Spezialitäten sind Hochzeitsfloristik und Messedekorationen.

Blumenhaus J. u. R. Ulbrich · Höhscheider Str. 114 · 42699 Solingen
Tel. 0212 – 65 03 16 · Fax 0212 – 493 10

Fotograf

Die stimmungsvollen Aufnahmen der Türkränze wurden von **Jürgen Schulzki** mit Fantasie und großem Einsatz realisiert. Seine Erfahrung auf dem diffizilen Gebiet der Floristik-Fotografie sowie sein Drang, immer das Optimum herauszuholen, haben eindeutig zum Gelingen des Buches beigetragen. Hauptsächlich ist Jürgen Schulzki als Food-Fotograf tätig. Seine Bilder sind in verschiedenen Medien (Zeitschriften, Kochbücher etc.) veröffentlicht.

Fotografie Jürgen Schulzki · Gereonswall 114 · 50670 Köln
Tel. 0221 – 912 94 74 · Fax 0221 – 912 94 76 · Mobil 0172 – 561 44 19
E-Mail: JSchulzki@aol.com · Internet: www.FotografieSchulzki.de

Dank

Viele Menschen sind an einem Buchprojekt beteiligt, allen ein herzliches Dankeschön! Zum Beispiel Miebach vom Floristenbedarfsgroßhandel Claessen aus Köln für seine unkomplizierte Kooperation, den hilfreichen Händen von Fotoassistentin Andrea Scharte und den Mitarbeitern vom Blumenhaus Ulbrich für die Rückendeckung. Ein besonders lieber Dank geht an O.G.A., meinen Lebensgefährten, für die Möglichkeit, seine Atelierräume als Fotostudio zu nutzen, und nicht zuletzt für Geduld und kritisches Gegenlesen.

Lassen Sie Blumen sprechen!

Frühlingsblumen sind etwas ganz Besonderes. Sie sind die ersten bunten Farbtupfer nach dem langen Winter und die Freude über das Erwachen der Natur erfüllt uns jedes Jahr aufs Neue. Viele kleine Dinge symbolisieren für uns den Frühling: Das neue Wachstum, die frischen Farben, der köstliche Duft. Wie lässt sich durch Blumen unsere frohe Erwartungshaltung ausdrücken? Zahlreiche Ideen, von schlicht und leicht bis üppig und bunt, zeigen uns die vielseitigen Gesichter des Frühlings. Die Werkstücke sind ganz einfach selbst herzustellen. So kann der Frühling auch im Haus Einzug halten.

Aus dem Inhalt

Form und Struktur: Kostbarkeiten und Mini-Sträuße aus besonderen Blüten. Licht und Farbe: ein transparenter Narzissen-Paravent, eine Pflanzschale für den Garten. Duft: Flieder, Maiglöckchen und Levkojen.

Blumen im Frühling. *Floristische Ideen von März bis Mai. M. Kratz. 2002. 94 Seiten, 57 Farbf. ISBN 3-8001-6771-9.*

Blumen sind bei Hochzeiten überall dabei – im Haar der Braut, als Brautstrauß, am Revers des Bräutigams, in der Kirche und auf der festlichen Tafel. Der traumhafte Blumenschmuck kann anhand der im Buch gezeigten Beispiele ganz einfach selbst gefertigt werden – ein individueller und persönlicher Ausdruck des Brautpaars. Zahlreiche Werkstücke, klassisch, schlicht, witzig und ungewöhnlich, werden in dem Buch Schritt für Schritt beschrieben.

Aus dem Inhalt

Brautsträuße: Blumen-Wasserfälle, Blumenschal, Brautstraußhalter richtig verwenden, niedliche Biedermeiersträußchen .
Kopfschmuck: Girlanden, Blütenkranz, Blumenspange.
Hutschmuck – Körperschmuck: Blütencollier, florale Krawatte, Anstecker, Blumenschleppe.
Hochzeitsdekoration: Blumen für Kirche, Auto und Tafel.

Blumen für die Hochzeit. *M. Kratz. 2002. 94 Seiten, 45 Farbfotos. ISBN 3-8001-3812-3.*

Sie möchten wunderschöne Sträuße selbst binden? Dann ist dieses Buch genau das Richtige. Vom Ministräußchen bis zum prunkvollen Bouquet finden Sie Anleitungen für viele Beispiele.

Blumensträuße. *M. Kratz. Floristische Ideen für jede Gelegenheit. 2003. 94 Seiten, 52 Farbf. ISBN 3-8001-3242-7.*

Wie lassen sich die vielen Facetten der Rose dekorativ her vorheben? In diesem Buch sind 30 außergewöhnliche Arrangements beschrieben, vom klassischen Rosenpokal bis zum modernen Kranz – sie alle zeigen die Rose in ihrem schönsten Licht. Wichtig: Alle Werkstücke basieren auf einfachen Techniken und sind auch ohne Vorkenntnisse leicht nachzuarbeiten.
Gestalten Sie mit!

Floristik mit Rosen. *Dekorative Ideen für jedes Ambiente. M. Kratz. 2001. 94 Seiten, 56 Farbfotos. ISBN 3-8001-6770-0.*

Lassen Sie sich durch Blumen inspirieren!

Wie wird der ganz alltägliche Mittagstisch zum festlichen Augenschmaus? Wie kann der alte Beistelltisch in neuem Glanz erstrahlen? Gleich welcher Anlass – auf die gute Idee kommt es an! Dieses Buch zeigt 32 attraktive Tischdekorationen für viele Anlässe. Bei aller optischen Raffinesse sind die Techniken einfach und ohne Mühe oder besondere Vorkenntnisse nachvollziehbar. Überzeugen Sie sich selbst!

Aus dem Inhalt

Sonnenblume für den Singletisch. Blütenherz für zwei. In trauter Runde. Festliche Familientafel. Sandkasten- und Planschbeckentisch. Kürbistafel zu Halloween. Der Tisch zum Thema Blau. Tischblumen und Gräser unter Glas.

Blumen für den Tisch. *Dekorative Ideen für festliche Tafeln. M. Kratz. 2001. 94 Seiten, 56 Farbfotos. ISBN 3-8001-3401-2.*

Wie lassen sich unsere Wohnräume auch in der tristen, kalten Jahrezeit lebendig gestalten? Mit den schönsten Blumen des Winters macht das besondere Freude – ob mit Schnittblumen, Exoten oder blühenden Zimmerpflanzen. In diesem Buch werden 16 außergewöhnliche Arrangements beschrieben, vom zarten Adventskranz in Wachs bis zum kostbaren Tafelschmuck mit Orchideen. Was man den Arrangements nicht ansieht: sie sind verblüffend einfach und schnell nachzuarbeiten, mit wenig Mitteln und ohne besondere Vorkenntnisse. Besonders beachtenswert: hier liegt eine erfrischende Mischung aus Bilderbuch und Bastelanleitung vor, das neben den Arbeitsschritten auch die Gestaltungsprinzipien und deren Hintergründe erklärt. Sie erhalten viele Tipps und Anregungen für Variationsmöglichkeiten.

Blumen im Winter*. Floristische Ideen für November bis März. M. Kratz. 2000. 94 S., 56 Farbf. ISBN 3-8001-6772-7.*

Grabschmuck selbst fertigen und zum Friedhof tragen – das verbindet uns besonders innig mit den Menschen, die von uns gegangen sind. Wie kann man mit Schalen, Sträußen oder Kränzen die vorhandene Grabgestaltung akzentuieren? Welche Symbole geben Sinn? Und wie lässt sich auch aus einfachsten Materialien das ganze Jahr über Grabschmuck herstellen? 36 Ideen zeigen in diesem Buch, wie vielseitig man Gräber mit Blumen schmücken kann. Das Besondere: alle Werkstücke sind komplett kompostierbar. Das hilft, die Friedhofskultur zu pflegen und zu bereichern.

Aus dem Inhalt

Sträuße für hohe oder kurze Vasen, mit Chrysanthemen oder Calla. Kränze und Girlanden aus Weiden, Birken oder Nelken. Symbole: ein Kreuz aus duftigen Blüten, Rosenherz. Schalen und Körbe, schlicht bepflanzt oder voller Blumen.

Blumen für das Grab. *Floristische Ideen für das ganze Jahr. M. Kratz. 2001. 96 Seiten, 65 Farbf. ISBN 3-8001-3275-3.*